AF331646

DE

L'AUGMENTATION DE VOLUME DU FOIE

DANS LA LITHIASE BILIAIRE

ET DE

Sa Valeur au point de vue chirurgical

DE

L'AUGMENTATION DE VOLUME DU FOIE

DANS LA

LITHIASE BILIAIRE ET DE SA VALEUR

AU POINT DE VUE CHIRURGICAL

PAR

A. BOLOGNÉSI (Le Mans),
Médecin suppléant de l'Hôtel-Dieu.

I.

Nous avons eu souvent à observer des cas de lithiase biliaire. Cette affection est fréquente, et son histoire est aujourd'hui très connue et très complète. Dans bon nombre de cas cependant, le diagnostic présente bien des difficultés ; et on peut seulement la soupçonner. Un grand nombre d'autopsies ont démontré que cette affection avait pu rester latente pendant toute la vie, sans avoir été diagnostiquée.

Les complications peuvent être nombreuses, quelquefois mortelles. Malgré le traitement médical, l'hygiène, le régime, la cure thermale, cette affection peut continuer de s'aggraver et menacer la vie du malade. A cette période de la maladie, il n'est plus permis d'hésiter ; et le chirurgien doit intervenir.

Nous avons observé plusieurs cas d'obstruction du canal cholédoque avec augmentation considérable du volume du foie, en avant et en arrière, ictère chronique persistant, coloration de l'urine, décoloration des matières fécales, et tous les symptômes consécutifs à la rétention biliaire. Dans ces cas, le diagnostic n'était pas douteux: les malades ont été opérés; les calculs trouvés dans le cholédoque ont été enlevés, et les malades ont guéri. Les calculs ne sont pas toujours logés dans le cholédoque ; ils peuvent s'y trouver, sans amener l'obstruction du canal. Ils peuvent être logés dans la vésicule, dans le canal cystique, etc.

Le symptôme ictère n'existe pas toujours. C'est dans ces cas frustes que le diagnostic est difficile.

Cependant, chez tous les lithiasiques, il existe un symptôme qui ne fait jamais défaut, que nous avons toujours rencontré, et sur lequel nous désirons particulièrement attirer l'attention : c'est l'augmentation de volume du foie.

Ce symptôme est connu ; il a été signalé par beaucoup d'auteurs. On peut le constater au moment des crises, et on peut également constater sa disparition quand la crise est passée. On le trouve nettement en avant, où le foie déborde les fausses côtes d'une façon très évidente, souvent de plusieurs travers de doigt.

Cette augmentation de volume du foie, qui apparaît et disparaît, finit par être persistante chez les lithiasiques chroniques, et devient alors un élément sérieux de diagnostic.

Suivant les descriptions des auteurs, c'est toujours en avant, au niveau des fausses côtes, que ce symptôme est recherché. Or, on peut ne pas le rencontrer; et le foie peut être augmenté de volume d'une façon très notable et ne pas déborder les fausses côtes. C'est ce que nous avons constaté dans deux cas particuliers que nous rapportons ci-dessous. Il est donc bon de rechercher l'augmentation de l'organe, non-seulement en avant, mais latéralement, au niveau de la ligne axillaire, et en arrière, à la partie postérieure du thorax, où il existe quelquefois très nettement. Chez les deux malades dont nous rapportons les observations, le foie était très augmenté de volume, latéralement et en arrière. Au contraire, l'examen de la région antérieure révélait un état presque normal. La ligne de matité supérieure était légèrement au-dessus de la ligne normale, et, à la partie inférieure, le foie n'était pas abaissé.

L'augmentation de volume du foie chez ces malades, présentant les symptômes douloureux des crises hépatiques, a contribué à faire le diagnostic. L'ictère, ce symptôme confirmatif, cette signature de la colique hépatique, faisait défaut. Chez toutes les deux, il n'est apparu que deux jours avant l'opération, c'est-à-dire quelques jours après le conseil donné de l'intervention.

Cette augmentation de volume, siégeant particulièrement en arrière, nous a paru intéressante à signaler.

Enfin, l'intervention chirurgicale, le drainage du foie par la vésicule, consécutif à cette intervention, et la guérison de nos deux malades, qui en a été la conséquence, nous paraissent devoir attirer l'attention des praticiens.

II. — **Observations.**

OBSERVATION I.

Lithiase biliaire. Coliques hépatiques. Augmentation de volume du foie. — Cholécystostomie. — Guérison.

La nommée Henriette G.., femme L.., âgée de 30 ans, a toujours joui d'une bonne santé. Son père est arthritique, atteint d'eczéma et de goutte, sa mère arthritique, sa sœur arthritique. Elle est soignée par M le Dr Mélisson, du Mans. Toujours bien réglée. Elle a eu une fausse couche et trois accouchements à terme.

Le dernier accouchement remonte à 2 ans 1/2. Depuis cette époque, elle souffre de crampes d'estomac et de constipation difficile à vaincre. Au mois d'avril 1897, elle est prise de crises successives, diagnostiquées: gastralgies. Elle n'a jamais eu d'ictère. Ces crises se répètent à intervalles de un ou deux mois, jusqu'en février 1898. A cette époque, le diagnostic de coliques hépatiques frustes est porté. La malade consulte M. le Dr Gilbert (de Paris), qui confirme le diagnostic. Un régime sévère et un traitement sont prescrits. Pendant quatre mois, il y a une notable amélioration. Une saison à Vichy, du 20 juin au 12 juillet 1897, ramène quelques crises douloureuses irradiées à tout le côté droit. Depuis le 15 octobre, les crises sont de plus en plus rapprochées et finissent par devenir quotidiennes. En l'absence du Dr Mélisson, je suis appelé à donner des soins à la malade. Je suis mandé au moment d'une crise. Il était environ 10 heures du soir.

La malade est assise sur son lit, pelotonnée, les genoux

relevés, la paroi abdominale relâchée. Elle se plaint d'une douleur vive au creux épigastrique, s'irradiant dans tout l'hypochondre droit et le flanc droit. Pas de vomissements,
pas de nausées. La malade est toujours très constipée ; ses
selles ne sont pas décolorées. Une injection de 1 centi-
gramme de morphine calme la crise. Les jours suivants, à
peu près à la même heure, les crises se produisent ; les injections
de morphine n'amènent pas de soulagement. Un lavement cal-
mant avec vingt-cinq gouttes de laudanum et 2 gr. 50 d'antipyrine
ne fait pas disparaître la douleur.

La malade a beaucoup maigri ; son teint est terreux. Je fais appe-
ler M. le Dr Delagénière en consultation.

La région épigastrique et l'hypochondre droit sont attentivement explorés. Le foie ne déborde pas les fausses côtes ; mais il
est augmenté de volume latéralement et en arrière. La région de
la vésicule n'est pas douloureuse ; la vésicule n'est pas distendue. Le rein droit est un peu déplacé. Aucun symptôme du côté
de l'appendice. La malade attire surtout l'attention au niveau
du creux épigastrique, où elle souffre de douleurs vives simulant
les crampes d'estomac. Malgré l'absence de vomissements, malgré
l'absence de l'abaissement du foie, l'absence d'ictère, malgré le
déplacement du rein, les coliques gastralgiques sont considérées
comme d'origine hépatique. La malade est mise en observation
pendant 15 jours. Sa température est prise régulièrement matin
et soir. Elle n'a jamais de fièvre. Son urine examinée chaque
jour, est normale, n'est pas colorée, est émise régulièrement sans
arrêt et sans débâcle : ce qui fait éliminer toute pensée d'ac-
cident du côté du rein.

Il n'y a aucune trace d'ictère. Les selles ne sont pas décolorées.
La constipation est toujours opiniâtre. Le 18 novembre, la malade
souffre pendant 7 heures d'une façon intolérable. Nous l'exami-
nons, le Dr Mélisson, le Dr Delagénière et moi, et nous constatons que la région de la vésicule est douloureuse et que les
muscles à droite, dans cette région, donnent la sensation d'une
défense qui n'existe pas à gauche. Le 19, examinée pendant
une crise, la vésicule est nettement sentie et paraît distendue.
Le volume du foie ne paraît pas modifié en avant et ne descend
pas au-dessous des fausses côtes. Cependant l'organe examiné
attentivement est nettement hypertrophié. La matité hépatique
est un peu plus élevée à la partie supérieure en avant ; la matité
s'élève dans la région axillaire, et, à la partie postérieure du thorax,
on constate une zone hépatique mate, très facile à déterminer. Il
y a une augmentation de volume du foie très manifeste. Sa ligne
de matité supérieure atteint la pointe de l'omoplate, la partie
inférieure de la neuvième côte, près du rachis et la sixième côte,
au niveau de la ligne axillaire.

Le 20, les urines deviennent couleur acajou et les selles se décolorent; une teinte subictérique est très nette ; il existe un prurit agaçant de la peau ; les conjonctives sont nettement colorées en jaune ; le surlendemain, il y a quelques vomissements ; le 23, les selles se recolorent.

Jusqu'au 18 novembre, jour de la crise violente d'une durée de 7 heures, avec vésicule gonflée et douloureuse, le diagnostic de coliques hépatiques était probable, mais ne pouvait être affirmé d'une façon certaine.

Cependant jusqu'à cette époque deux symptômes, très nets et très importants, attiraient l'attention : les crises gastralgiques et l'augmentation de volume du foie. L'association de ces deux symptômes permettait d'affirmer le diagnostic de coliques hépatiques.

Les affections du foie, avec augmentation de volume de l'organe, et les crises gastralgiques de cause purement nerveuse, étaient éliminées.

Après cette crise violente et les symptômes observés au niveau de la vésicule, il n'y a plus d'erreur possible ; le diagnostic est confirmé.

Nous sommes donc en présence d'une malade arthritique, atteinte de coliques hépatiques depuis 2 ans 1/2, très amaigrie, avec teint terreux, augmentation de volume du foie, accidents cystiques. Les traitements hygiénique, alimentaire, médical, thermal n'ont donné aucun résultat.

L'intervention chirurgicale est indiquée.

Nous sommes tous les trois convaincus de la nécessité de cette intervention, et l'opération est fixée au 24 novembre 1897.

La veille, le 23, l'état général de la malade est très bon. La température est de 37°6. On ne trouve rien au cœur, ni aux poumons. Le pouls est très lent. Il y a eu émission de 1080 cc. d'urine dans les 24 heures. Elle est trouble, contenant seulement 8 gr. 80 d'urée (insuffisance uréogénique par altération de l'organe), 1 gr. d'acide urique, 0 gr. 92 d'acide phosphorique, des traces des pigments et d'acides biliaires.

La malade est purgée ; la région est longuement savonnée.

L'opération a lieu le 24. Elle est pratiquée par M. le Dr Delagénière, avec mon assistance. La malade est anesthésiée au moyen de l'éther.

MM. les Drs Mélisson, Moreau, Laporte fils, assistent à l'opération.

OPÉRATION. — Incision de 16 cm. sur le bord du muscle droit; ouverture du péritoine. Exploration ; sensation de calculs engagés dans le cholédoque. Rein descendu et fixé par des adhérences. Protection de la cavité abdominale avec des compresses. La vésicule distendue se dressant d'elle même hors du ventre, est ponctionnée. Ses parois sont épaisses. Une bile boueuse, très colorée, en est retirée. La vésicule est incisée ; trois calculs gros comme une

petite cerise en sont retirés. Le doigt introduit dans le péritoine
sent deux calculs engagés, du même volume que les précédents.
Ils sont ramenés dans la vésicule. Les voies biliaires sont librés
et une sonde de Nélaton n° 12 est introduite dans l'intestin. L'eau
envoyée par cette sonde ne revient pas par la vésicule.

La vésicule est fixée au péritoine d'abord, puis à l'aponévrose. Une boutonnière est faite dans le muscle. Un drain est
mis dans le péritoine, un tube dans la vésicule, sans orifices
latéraux.

L'opération a duré 1 h. 25. L'opérée a absorbé 150 grammes
d'éther.

Marche. — Le 1er jour, la fièvre est de 38°3. Le 2e jour,
selle assez abondante. Peu de vomissements. Le tube du péritoine est enlevé le 3e jour. Il y a quelques poussées d'urticaire,
surtout vers le 10e jour. A ce moment la bile se nettoie, est de
moins en moins boueuse. On enlève le tube le 12e jour. Le 14e
jour, la malade prend 60 centigrammes de calomel, et rend plusieurs selles bien colorées. La bile diminue chaque jour dans
les pansements. A partir du 19e jour, on ne constate plus qu'une
tache à chaque pansement. La fistule biliaire diminue chaque
jour ; et, vers le 25 décembre, c'est-à-dire un mois après l'opération, la fistulette est tout à fait fermée. A partir de cette époque
l'opérée va de mieux en mieux, les crises douloureuses n'ont
plus reparu. La constipation n'existe plus, le prurit de la peau
est complètement disparu. Examinée quelque temps après son
opération, le foie a considérablement diminué ; la région de la
vésicule biliaire n'est plus douloureuse. Le faciès terreux n'existe
plus et est remplacé par un teint rosé, tout à fait normal. En
juin 1899, la malade est de nouveau examinée. Son foie est
devenu absolument normal. Elle n'a plus de crises ; elle digère
très bien, elle n'est plus constipée et son foie, examiné au point
de vue de la matité, particulièrement en arrière et latéralement,
c'est-à-dire dans les points où il était augmenté de volume, est
redevenu parfaitement normal. La ligne de matité suit exactement
celle indiquée dans les foies sains. La malade est cependant
envoyée à Vichy, afin qu'un bon lavage de son foie, un bon
lessivage de ses conduits biliaires fasse disparaître la prédispo-
sition à la formation des cholélithes. La saison de Vichy est
très bien supportée. A peine a-t-elle présenté quelques vagues
douleurs dans la région thoracique droite ; et la malade rentre au
Mans en parfait état de santé.

OBSERVATION II.

*Lithiase biliaire. Crises gastralgiques. Augmentation de volume
du foie à la partie postérieure.*

La nommée Félicité L., femme M., âgée de 55 ans, a eu 7 en-
fants. Elle souffre depuis 12 ans de douleurs gastralgiques vives,
avec vomisssements. Au début, elle a gardé le lit pendant quelques semaines ; puis les crises se sont montrées plus courtes, et
moins fréquentes. Pendant 6 ou 7 ans, elles se produisaient une
ou 2 fois par an et cessaient rapidement sous l'influence d'une
potion de Rivière à la morphine. Elles se sont produites ensuite
plus fréquemment, se manifestant 3 ou 4 fois par an, ayant une
durée d'environ 24 heures, laissant ensuite la malade très fati-

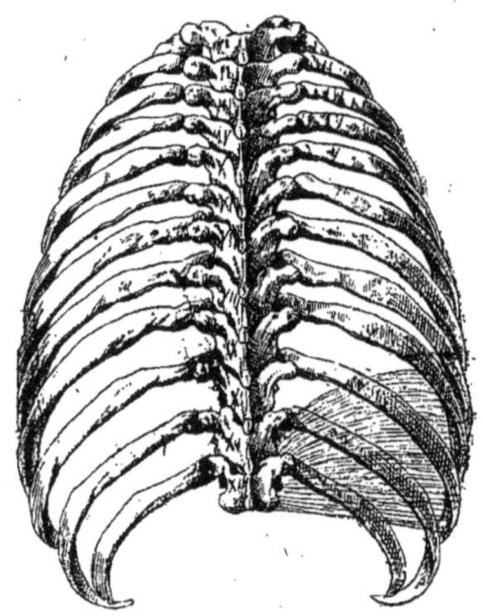

Fig. 1. — Matité normale du foie en arrière. — La ligne supérieure de matité
croise les X⁰ et XI⁰ côtes.

guée. En décembre 1898, elle souffre pendant 5 ou 6 semaines ; une
période d'amélioration de 4 mois environ se produit. En avril 1899,
la malade est reprise de crises violentes avec vomissements con-
tinus. Douleur vive au creux épigastrique. Aucune douleur au
niveau de la vésicule ; pas d'ictère, mais la région du foie est
douloureuse. Le foie est hypertrophié latéralement à droite et à
la partie postérieure. Le traitement médical est institué et ne
procure aucun soulagement. Alcalins, glycérine, mixture de
Durande, Boldo, huile, etc., ne donnent aucun résultat ; on ne
trouve pas de pierres dans les selles. Je conseille une interven-

tion chirurgicale. M. le Dr Delagénière, appelé en consultation, est
du même avis. Quelques jours après notre consultation, l'ictère
apparaît ; le foie n'est pas augmenté de volume en avant ; son bord
est douloureux. Le 5 mai, l'ictère est très marqué ; on constate
des plaques de rash scarlatiniforme sur plusieurs points du corps,
surtout sur l'avant-bras droit.

La malade, qui souffre beaucoup, entre à la Maison de Santé le
10 mai 1899. Les crises sont continues et ne sont calmées que par
la morphine. L'ictère est très accusé. Les téguments sont
couleur safran, selles grises, urines rares, fortement teintées. En
avant, le foie ne déborde pas les fausses côtes ; sur la ligne
axillaire moyenne, il s'élève jusqu'à la 6° côte. En arrière, on
trouve une large zone de matité remontant au-dessus de l'angle
de l'omoplate et auprès du rachis, la ligne de la matité s'élève
jusqu'à la 9° vertèbre dorsale. On trouve un point nettement douloureux au-dessous des fausses côtes, au niveau du muscle grand
droit, vers le bord interne. L'état général est mauvais. La
température vespérale est de 38° 5. Le pouls est rapide : 110.
La langue est chargée. L'analyse des urines ne présente rien
d'anormal.

OPÉRATION. — La malade est opérée, le 13 mai 1899, par
M. le Dr Delagénière. Elle est endormie à l'éther. Incision de
17 cm. environ sur le bord interne du muscle droit et partant
des fausses côtes. Le péritoine ouvert, on constate la présence
d'adhérences nombreuses à la face inférieure du foie, dans la
région de la vésicule. Le canal cystique, très dilaté et renfermant
des calculs, simule la vésicule. Celle-ci est cachée, étalée et
accolée par des adhérences à la face inférieure du foie. Le canal
cystique est incisé, puis, de proche en proche, le cholédoque
jusqu'au duodénum est incisé ; cinq calculs gros comme de
petites noisettes sont retirés. Les pierres sont enchâssées dans des
logettes. Le cholédoque et le cystique sont fermés par un surjet
de soie fine. Puis, après avoir décollé la vésicule qui adhère
intimement, au foie par sa partie supérieure, le fond de la
vésicule est attiré à travers une boutonnière du muscle droit et
fixé à l'aponévrose du muscle. Un drain est laissé dans la vésicule,
un tube dans la paroi.

Marche. — T^{re}, le soir : 37° 8.
Le 2° jour, 38° le soir. Un lavement donne une selle colorée.
Le 3° jour, 37° 2. Un purgatif de 30 gr. de sulfate de soude
donne des selles bien colorées.
Le 4° jour, enlèvement des tubes de la vésicule et de la
paroi. Le tube resté dans le péritoine est enlevé le 1er jour.

Le 6ᵉ jour, la malade est décolorée. Elle sort guérie le 1ᵉʳjuin 1899. Dans les mois qui suivent l'opération, la malade a encore quelques crises hépatiques légères avec ictère ; le foie est complètement revenu à son volume normal. La malade fait une saison de Vichy chez elle et se trouve guérie.

III. — Examen du foie.

En raison de sa convéxité, le foie est séparé de la paroi thoracique à sa partie supérieure ; il y a là une submatité verticale d'environ deux centimètres. Cette submatité est due à la languette pulmonaire qui s'interpose dans la rainure costo-diaphragmatique. On peut toujours tenir compte de cette submatité et percuter fortement dans cette région, tandis que la percussion superficielle suffit au niveau de la vraie matité. Cassaët (de Bordeaux), dans son « Précis de percussion », indique comme dimensions normales du foie les suivantes :

Sur la ligne mamelonnaire, où plutôt un peu en dedans d'elle, la matité verticale est de 11 centimètres chez l'homme, 10 centimètres, chez la femme ; à côté de la ligne médiane, la matité est de 3 à 4 centimètres ; vers la ligne axillaire antérieure, 13 ou 14 centimètres.

D'après Murchison, la ligne supérieure arquée de la matité hépatique commence, en arrière, vers la dixième ou la onzième vertèbre dorsale ; elle monte légèrement au niveau de l'aisselle et du mamelon, et s'abaisse graduellement à l'épigastre. Elle correspond, sur la ligne axillaire droite, au septième espace ou à la septième côte ; sur la ligne mamelonnaire, au cinquième espace ; sur la ligne médiane, à la base de l'appendice xyphoïde.

Dans son traité de diagnostic médical, Eichorst indique les mêmes limites. Près du rachis, le bord inférieur de la onzième côte ; sur la ligne scapulaire droite, la neuvième côte ; sur la ligne axillaire droite, le bord inférieur de la septième côte ; sur la ligne mamillaire droite, le bord inférieur de la sixième côte ; sur la ligne parasternale droite, le bord supérieur du sixième cartilage costal ; sur la ligne sternale droite, le bord inférieur du cinquième cartilage costal (*Fig.* 1 et 2).

Chez nos deux malades, ces dimensions étaient largement dépassées.

Nous avons constaté une augmentation de volume, surtout à la partie latérale, région axillaire et à la partie postérieure du thorax. Dans ces régions et surtout en arrière, la ligne de matité inférieure est difficile à préciser ; elle se confond

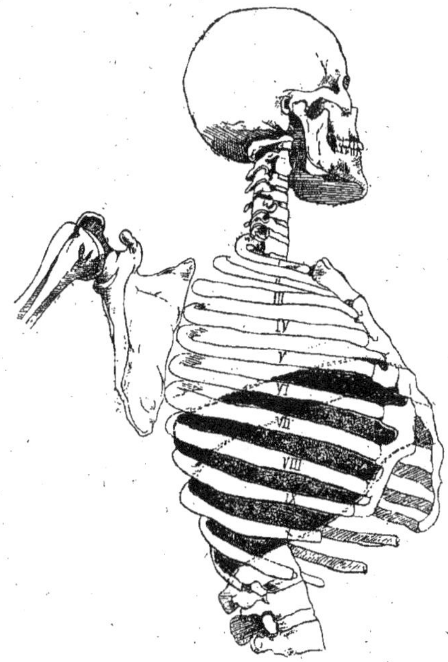

Fig. 2. — Matité normale et pathologique du foie latéralement et en avant. — La ligne pointillée qui croise le nombre VII, correspond au bord supérieur du foie à l'état normal. — Celle qui passe au-dessus de VI, a trait au bord du foie dans le cas pathologique. Elle est plus élevée de quelques centimètres.

auprès du rachis avec la matité rénale droite. Dans certaines circonstances, il est également très difficile de délimiter la matité inférieure du foie en avant, par exemple, quand l'estomac et le côlon sont remplis. C'est pourquoi nous attirons, plutôt l'attention sur la ligne de matité supérieure (*Fig.* 1), beaucoup plus facile à constater chez nos deux malades. Nous indiquons le foie normal en rose ; en bleu, la région de la matité anormale, due à l'augmentation de volume. Chez nos deux malades, les dimensions de l'organe hypertrophié étant sensiblement les mêmes, nous les avons confondues dans les

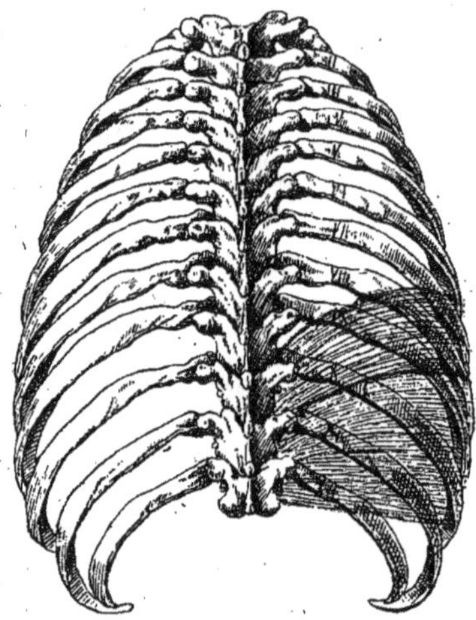

Fig. 3.— Augmentation du volume du foie en arrière. Les lignes pointillées supé-
rieures correspondent aux bords supérieurs du foie normal et du foie pathologique ; la première croise la Xe côte ; la seconde. la IXe, la VIIIe et la VIIe.

mêmes figures (*Fig.* 2 et 3). Nos figures et notre description
se sont trouvées simplifiées et ont gagné en clarté.

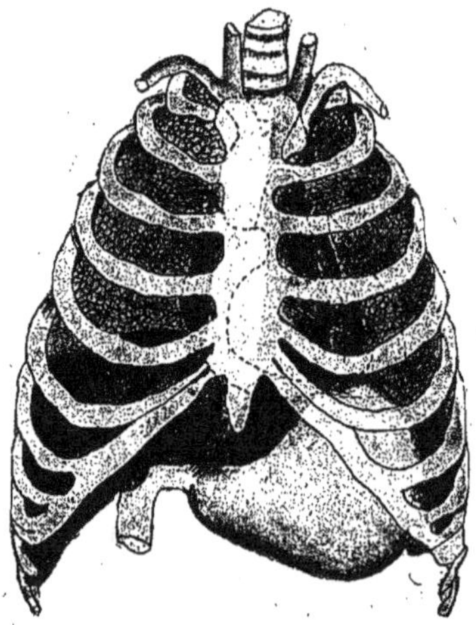

Fig. 4. — Augmentation de volume du foie au niveau de la région antérieure
du thorax.

Si nous considérons notre figure 3, nous constatons que

la ligne de matité du foie en arrière, le long du rachis, commence vers la neuvième vertèbre dorsale, au lieu de commencer vers la onzième ; sur la ligne scapulaire droite, (*Fig.* 2 et 3) vers la septième côte, au lieu de la neuvième ; sur la ligne axillaire, vers le bord inférieur de la sixième côte au lieu du bord de la septième ; sur la ligne mamillaire droite, vers le bord inférieur de la cinquième côte, au lieu du bord de la sixième ; sur la ligne parasternale droite, vers le bord supérieur du cinquième cartilage costal, au lieu du bord supérieur du sixième ; sur la ligne sternale droite, vers le bord supérieur du cinquième cartilage costal, au lieu du bord inférieur du cinquième (*Fig.* 4).

A la paroi antérieure du thorax, la différence est peu sensible ; elle l'est beaucoup plus latéralement et postérieurement.

Avant de parler des affections hépatiques, dans lesquelles on rencontre une augmentation de volume de la glande, nous allons donner, en quelques lignes, la technique de la percussion du foie.

Percussion en avant. — Le malade sera couché dans le décubitus dorsal. Sur la ligne mammaire, la percussion sera forte à la partie supérieure, où le poumon recouvre le foie ; le son obtenu sera submat. La percussion sera faible dans toute la partie où le foie est en contact avec le thorax ; et le son sera mat.

A la partie inférieure, la matité pourra se confondre avec celle de l'estomac et celle du côlon transverse. Pour obtenir la délimitation, il faudra y procéder lors de la vacuité de ces organes et même évacuer l'intestin au moyen de purgatifs.

Dans les cas de tumeurs de l'estomac ou de l'intestin, il peut y avoir matité ; mais la matité est alors mélangée d'une sonorité tympanique. La palpation d'une part, et la percussion superficielle aident à délimiter le bord de l'organe.

Percussion latérale. — La ligne axillaire sera percutée dans la même situation. Le bras sera franchement écarté du corps ; la percussion sera superficielle à la partie inférieure.

Percussion en arrière. — Pour percuter la face postérieure, le malade sera assis ou debout ; il faut se rappeler que, dans le voisinage du rachis, la matité hépatique se confond avec la matité rénale.

IV. — **Diagnostic de l'hypertrophie du foie.**

L'augmentation de volume du foie peut se rencontrer dans beaucoup d'affections. Dans la cirrhose hypertrophique biliaire (cirrhose de Hanot), l'augmentation de volume est souvent considérable, s'opère graduellement, en plusieurs mois, ou quelquefois plusieurs années. La palpation permet, dans beaucoup de cas, de sentir une surface dure, unie, dans une région étendue de la partie droite de l'abdomen. Il y a quelquefois de l'ascite. Il existe de l'ictère intermittent, puis constant, intense.

La cirrhose augmente par poussées successives, souvent fébriles. Il existe une inappétence continuelle. Il n'y a pas de crises gastralgiques ; la région de la vésicule n'est pas sensible. La rate est grosse. Il s'agit là d'une affection facile à reconnaître.

Dans la cirrhose hypertrophique des buveurs de vin, l'augmentation de volume du foie peut être notable ; l'organe peut être douloureux à la palpation.

Les crises gastralgiques font défaut ; la profession, les habitudes du malade renseignent, et la plupart du temps on peut constater une circulation veineuse supplémentaire abdominale.

La cirrhose hypertrophique graisseuse de la tuberculose et des états cachectiques est facile à reconnaître.

Le foie paludéen, le foie diabétique peuvent être facilement diagnostiqués.

Il faut penser à certaines formes de foie syphilitique, au cancer du foie, au foie gras, au foie amyloïde, au foie leuco-cythémique, aux kystes hydatiques, aux abcès du foie.

Les diverses congestions du foie peuvent augmenter notablement son volume. Marfan établit quatre groupes pathogéniques de foies congestifs.

1° Congestion par apports de matières irritantes par la veine porte (épices, alcools, poisons intestinaux).

2° Congestion par altérations du sang (dyscrasiques, toxiques, infectieuses), comme dans la goutte, le diabète, les fièvres éruptives et toutes les grandes infections.

3° Congestions supplémentaires, dans lesquelles les phénomènes nerveux jouent le plus grand rôle.

4° Congestions consécutives à la dilatation du cœur, augmentant et diminuant avec elle (foies en accòrdéon, de Hanot et Parmentier).

Le diagnostic sera éclairé par les conditions étiologiques, par le symptôme lui-même, qui souvent est passager, modéré et peu douloureux.

Les affections que nous venons de passer en revue présentent des signes particuliers qui permettent de ne pas les confondre avec l'affection qui nous intéresse.

On rencontre quelquefois le symptôme douleur de la colique hépatique, c'est-à-dire douleur à la région épigastrique, et de l'hypochondre, avec les mêmes irradiations en ceinture et dorsales, et points douloureux au niveau de la pointe de l'omoplate droite, chez des malades que l'on pourrait prendre pour des lithiasiques. Tels sont, par exemple, les malades atteints d'ulcères de l'estomac ou du duodénum, de coprostase avec douleur de l'angle du côlon ascendant et transverse chez les constipés, d'entérite muco-membraneuse. De même, chez les névropathes, les ptosiques avec néphroptose, certaines douleurs de névralgies intercostales ou abdominales peuvent en imposer pour une lithiase biliaire sans ictère. Il est bien évident que c'est surtout dans ces cas assez fréquents que l'absence du symptôme « augmentation du volume du foie » vient éclairer le diagnostic.

L'augmentation de volume par rétention biliaire après enclavement d'un calcul est généralement moins apparente que celle due à la cirrhose hypertrophique biliaire. Elle existe chez des malades ayant présenté à diverses reprises, depuis des mois et souvent des années, des symptômes de coliques hépatiques. Quand les malades ont présenté de l'ictère, ces coliques hépatiques ont été diagnostiquées et

traitées médicalement. Quand l'ictère a fait défaut, les accidents ont pu être pris pour des crises gastralgiques ou des
névralgies des voies biliaires. Quand il n'y a pas d'ictère, il
faut assister à la crise. C'est pendant celle-ci que le diagnostic peut être fait, ou tout au moins soupçonné. C'est
généralement 3 ou 4 heures après le repas que la crise
éclate au moment de la sécrétion biliaire, au moment où le
chyme commence à affluer dans le duodénum. Quand les
calculs sont peu volumineux, ils peuvent traverser les
canaux cystique et cholédoque, sans douleur, et sans marquer
leur passage par l'ictère consécutif. S'ils sont volumineux
et situés dans la vésicule, ils peuvent essayer d'en sortir et
s'engager dans le canal cystique, provoquer de la douleur et
retomber dans la vésicule. Quand ils sont engagés dans le
canal cystique, dilaté par leur présence, ils peuvent y séjour-
ner depuis un certain temps, y être enclavés, maintenus par
des adhérences, comme chez notre malade de l'Observation II,
et provoquer des coliques violentes, sous l'influence des
contractions du canal cystique. D'autres fois, ils peuvent être
enclavés dans le cholédoque, sans obstruer complètement sa
perméabilité, et, dans ce cas, provoquer des coliques sans
ictère. Dans ces différents cas, la région de la vésicule peut
ne présenter aucune douleur.

Au moment des crises, la douleur est excessive, et généralement les points particulièrement douloureux sont l'épigastre, la région de la vésicule, la pointe de l'omoplate. Il y
a là une véritable demi-ceinture avec irradiation dans tout le
côté droit, le moignon de l'épaule, quelquefois même le bras
droit. La durée de la douleur varie de quelques heures à
plusieurs jours, avec des intervalles de repos, soit que le
calcul ait franchi les conduits cystique et cholédoque, soit
qu'il ait fait retour dans la vésicule, soit par épuisement de
la sensiblité.

Les crises douloureuses peuvent se reproduire périodi-
quement et régulièrement.

La distension des voies biliaires par le calcul ou par la
bile accumulée derrière lui, les tiraillements de leurs nerfs,
quelquefois l'excoriation de leur muqueuse sont la cause
des douleurs.

Quand l'ictère vient confirmer le diagnostic, il n'y a pas d'hésitation ; mais ce symptôme manque souvent. Quand, sans ictère, la vésicule est douloureuse, il y a une probabilité de plus, mais nous avons vu que chez nos deux malades l'ictère n'est apparu pour la première fois que l'avant-veille de l'opération. La première souffrait depuis plus de 2 ans, la seconde, depuis plus de dix ans. Chez la première, on a pu, pendant une crise, trouver la vésicule distendue et douloureuse. Chez la seconde, la région n'était pas douloureuse ; même pendant les crises, on ne pouvait sentir la vésicule ; et on en a trouvé la raison pendant l'opération : la vésicule n'existait presque plus et était accolée et adhérente à la face inférieure du foie. Dans ces cas anormaux, l'augmentation de volume du foie est un symptôme précieux qui vient suppléer à l'absence de l'ictère et des localisations douloureuses classiques. Quand on se trouve en présence d'un malade dont les crises douloureuses rappellent les coliques hépatiques, malgré la localisation exclusive de la douleur à l'épigastre, malgré l'absence de douleur au niveau de la vésicule, malgré l'absence d'ictère, si le foie est augmenté de volume, le diagnostic de coliques hépatiques par calculs biliaires devra être posé. Si le foie paraît normal en avant, s'il ne dépasse pas les fausses côtes, il faut chercher son augmentation de volume dans la région axillaire et à la partie postérieure du thorax.

V. — Pathogénie.

L'augmentation de volume du foie est due : 1° à la rétention biliaire et à la stagnation de la bile ; 2° à la congestion du foie ; 3° aux lésions d'angiocholite et de périangiocholite.

Quand les calculs sont volumineux et que l'un d'eux vient à obstruer le canal cholédoque, il y a hypersécrétion biliaire, rétention complète de la bile, tension exagérée, amenant la résorption. L'ictère se produit : il est constant ; et, dans ce cas, on constate l'augmentation rapide du volume du foie, augmentation qui disparaît de même rapidement, quand le calcul a franchi l'obstacle et a pénétré dans l'intestin. Une véritable débâcle biliaire avec diarrhée en est la conséquence.

Il n'est pas indispensable que le cholédoque soit complètement obstrué. Il peut l'être incomplètement et la bile passe en partie ; mais il y a une certaine rétention qui peut même être occasionnéé par le sable biliaire qui s'accumule dans les conduits hépatiques. Dans ce cas, l'ictère peut ne pas exister ; mais il y a toujours irritation des voies biliaires, amenant une inflammation chronique, avec troubles digestifs et irritation microbienne, modifiant la sécrétion biliaire, et amenant la précipitation de la cholestérine et la formation de nouveaux calculs. A ces premiers accidents de rétention succède l'angiocholite, bientôt suivie, par extension, de la périangiocholite, c'est-à-dire de l'inflammation du tissu conjonctif qui entoure les canaux biliaires. Ce tissu s'épaissit et devient fibreux. Les lésions, d'abord passagères, se produisent à répétition, deviennent permanentes ; et une véritable cirrhose en est la conséquence.

Nous n'aborderons pas le chapitre des complications graves que ces accidents peuvent entraîner, ni des causes de la mort, qui a été souvent observée soit pendant les crises, soit consécutivement. Tous ces faits sont connus et nous n'insistons pas.

*
* *

En présence d'un malade atteint de lithiase biliaire chronique avec augmentation de volume du foie et crises fréquentes, le médecin doit mettre tout en œuvre pour désobstruer les voies biliaires. Le traitement hygiénique, le traitement médical et le traitement thermal doivent être essayés ; si la thérapeutique reste impuissante, le médecin doit avoir recours au chirurgien. Les progrès de la chirurgie moderne, la bénignité de l'intervention, les nombreux succès obtenus doivent faire cesser toute hésitation.

L'augmentation définitive de volume du foie n'a pas seulement une grande valeur comme élément de diagnostic ; elle est aussi une indication de l'intervention chirurgicale. En ouvrant la vésiculaire biliaire, en la débarrassant des calculs qui y sont contenus, en enlevant les pierres enclavées dans le cystique et le cholédoque, en débarrassant les conduits de la boue biliaire qui les obstrue, le chirurgien vient aider la nature impuissante à agir seule. Les canaux biliaires désobstrués, la vésicule ouverte et drainée, il y a double écoulement de bile et par l'intestin et par la vésicule. Ce double écoulement entraîne promptement la décongestion du foie, la cessation de la stagnation et de la rétention biliaires. Les lésions d'angiocholite et de périangiocholite disparaîtront d'autant plus vite qu'elles étaient plus récentes, et le foie reprendra bientôt son volume primitif. Si l'on a soin de faire suivre l'opération d'un traitement cholagogue, et surtout d'un traitement thermal, il y aura non seulement disparition des symptômes constatés, mais encore un véritable lessivage de l'organe, qui facilitera une guérison définitive.

Le foie, a dit Marcel Baudouin, est un organe essentiellement chirurgical, puisque, par sa vésicule, il peut être drainé. C'est là un fait important qu'il est bon d'avoir toujours présent à l'esprit.

VI. — Conclusions.

1° Quand un malade est atteint de crises gastralgiques à répétition, on doit toujours examiner le volume du foie.

2° Quant un gastralgique est atteint d'augmentation de volume du foie, soit en avant, soit en arrière, on doit penser à la lithiase biliaire.

3° Quand le régime alimentaire, le traitement hygiénique, médical, thermal, ne modifient pas heureusement les symptômes d'augmentation de volume du foie et de crises, il ne faut pas hésiter à conseiller l'intervention chirurgicale.

4° L'enlèvement des calculs renfermés soit dans la vésicule, soit dans les canaux cystique et cholédoque, le drainage de la vésicule, produisent sûrement la disparition des accidents. Peu de temps après l'opération le foie a repris son volume normal et le malade est guéri.

Imprimerie de l'Institut de Bibliographie. — Mars-1900, n° 265.

9 782014 105384